Idee & Text: Kurt Hörtenhuber
Illustrationen: Johannes Böttinger
ISBN: 978-3-903175-79-2

A-4971 Aurolzmünster - Altenried 6 - Austria
office@werteart.com - www.werteART.com

Mit viel Liebe
und Sorgfalt hergestellt
und auf chlorfrei gebleichtem
Papier gedruckt.

Lachen® ist die beste Medizin.

CliniClowns

Liebenswerte Botschaften eines weisen Clowns über die positive Wirkung des Lachens auf Körper und Geist.

HERZLICHEN DANK!

Durch den Kauf dieses Buches wird die Arbeit der CliniClowns unterstützt, die schwer- und chronisch kranken Kindern und Erwachsenen ein aufmunterndes, heilendes Lachen an die Krankenbetten bringen.

Zugleich soll dieses Buch auch alle LeserInnen daran erinnern, welche „Wunder" ein kleines Lächeln oder gar ein herzhaftes Lachen bewirken können.

Unsere Medizin ist ein Lächeln, das wir in die Herzen der Menschen zaubern.

Wenn Menschen sehr krank sind, dann gehen oft auch ihre Fröhlichkeit und ihre Lebensfreude verloren. Doch gerade diese beiden Eigenschaften sind so wichtig, um die natürlichen Selbstheilungskräfte zu aktivieren.

Deshalb ist der Medikamenten-Koffer von uns CliniClowns gefüllt mit Humor und Spaß, um kranken Menschen – insbesondere Kindern – ein Lächeln ins Herz zu zaubern. Unsere „lustigen Behandlungen" mit einer Dosis Heiterkeit sollen den PatientInnen helfen, ihre Sorgen für einen Moment zu vergessen und ihre inneren Heilkräfte zu stimulieren.

Wünscht du dir einen glücklichen Tag, dann begrüße ihn mit einem Lächeln.

Ein guter Tag beginnt mit einer „guten Saat", denn was wir am Morgen säen, entscheidet darüber, was wir im Laufe des Tages ernten werden. Bevor wir also gewohnheitsmäßig ins hektische Treiben des Alltags eintauchen, sollten wir uns deshalb einige Minuten Zeit nehmen, um in positive Stimmung zu kommen. Der „Schwingungszustand", mit dem wir in den Morgen starten, ist sozusagen unsere Saat.

Wir CliniClowns säen deshalb jeden Morgen viel Humor und Fröhlichkeit und freuen uns dann über jedes heilsame Lachen, das daraus zu sprießen beginnt.

Die Sonnenstrahlen unseres Herzens dringen durch unser Lächeln in die Welt.

Es ist das Leuchten der Sonne, das unsere Welt heller und freundlicher macht. Gleiches gilt auch für unser Lachen. Schon das kleinste Lächeln wirkt wie ein wärmender Sonnenstrahl und hat die Kraft, die Herzen der Menschen zum Leuchten zu bringen – auch traurige Herzen.
Indem wir lächeln oder herzhaft lachen, können wir dunkle Wolken mit Licht durchdringen – was so viel heißen soll, wie: „Unser Lachen ermöglicht es, die Gemüter zu erhellen – auch in ungemütlichen Zeiten".

Durch Lachen und Scherzen lösen sich Kummer und Schmerzen.

Zu lachen und Spaß zu haben wirkt nicht nur entspannend auf Körper und Geist. Intensives Lachen kann sogar die eigene Schmerzempfindlichkeit reduzieren, da es zur Freisetzung von sogenannter Endorphine kommt. Das sind Botenstoffe, die nicht nur physische Schmerzen lindern können, sondern dazu auch Glücksgefühle hervorrufen. So kann emotionaler Stress durch Kummer besser verkraftet werden. Leider ist den meisten Menschen gerade in Zeiten des Leidens nur selten von selbst zum Lachen zumute. Genau deshalb sind wir CliniClowns unterwegs, um dort ein Lachen hinzubringen, wo es helfen kann, Leid zu lindern – allem voran in Krankenhäusern.

Die Kunst, sich selbst glücklich zu machen, beginnt mit einem Lachen.

Unser Leben ist wie ein Kunstwerk, das wir selbst erschaffen. Es entsteht in unserem Geist und zeigt sich erst danach im Außen – so wie bei einem Maler. Jeder von uns entscheidet selbst, wie sein Werk aussehen soll.
Wir von den CliniClowns versuchen unser Kunstwerk so zu gestalten, dass es unsere Welt liebenswerter macht – mit Humor, Herzlichkeit, Freude, Fröhlichkeit, Friedfertigkeit und allem voran mit ganz viel Liebe. Das Schöne ist, dass man kein künstlerisches Genie sein muss, um etwas zu erschaffen, das uns selbst und anderen guttut.

Wer lacht, aktiviert seine inneren Zauberkräfte.

Viele wissenschaftliche Studien sprechen dafür, dass Lachen sehr gesund ist, weil es in unserem Körper „magische Kräfte" in Bewegung setzt. Beim herzhaften Lachen sind rund 300 Muskeln beteiligt – von Gesichtsmuskeln bis zur Atemmuskulatur. Dadurch wird viel tiefer geatmet als sonst. Die Körperzellen werden mit mehr Sauerstoff versorgt und so die Bronchien durchlüftet, Verbrennungsvorgänge werden gefördert, Herz und Kreislauf werden angeregt. Gleichzeitig unterstützt Lachen die Heilungsprozesse im Körper. Das Gehirn reduziert beim Lachen die Produktion von Stresshormonen, wie Adrenalin und Kortisol. Anspannung und Stress werden dadurch abgebaut. Zudem wird beim Lachen verstärkt Serotonin ausgeschüttet, welches man auch als Glückshormon bezeichnet.
Klingt doch ZAUBER-haft, oder? Probier's einfach aus!

Um zu lachen, braucht es keinen Grund – es braucht nur dich und deinen Mund :-)

Ob du es glaubst oder nicht – du kannst die Wirkung des Lachens ganz ohne Grund herbeiführen. Ganz einfach indem du lachst oder zumindest lächelst. Ziehst du die Mundwinkel nach oben, so drücken die Muskeln in jeder Wange auf einen Nerv, der den Impuls deines Lächelns an dein Gehirn weiterleitet, wodurch Glückshormone ausgeschüttet werden. So wird ein bewusst inszeniertes Lächeln zu einer der einfachsten Maßnahmen, um unser Wohlbefinden zu steigern. Das Gehirn erkennt nämlich nicht, ob unser Lächeln aufgesetzt ist oder durch externe Einflüsse erzeugt wird! Probier's aus – es wirkt tatsächlich!

Lachen hält uns jung
und frisch,
wie das Wasser
einen Fisch.

Lachen erfrischt und belebt unseren Körper, zugleich aber auch unseren Geist. Denn es werden dabei nicht nur die vielen Muskeln stimuliert, sondern auch wertvolle Botenstoffe im Gehirn aktiviert, was wiederum unsere Psyche positiv beeinflusst. Und weil dabei auch unsere Körperzellen auf wundervolle Weise angeregt und belebt werden, wirkt Lachen für uns wie eine natürliche Verjüngungskur.

Fröhliches Lachen stärkt unsere Abwehrkräfte.

Ist es nicht wunderbar, dass auch unser Immunsystem vom Lachen profitiert? Das bestätigt eine Studie aus dem American Journal of the Medical Sciences. Dem zufolge erhöhen sich beim Lachen die Anzahl und die Aktivität einiger Immunzellen, die infizierte Zellen erkennen und zerstören können. Zudem konnte ein Anstieg von Antikörpern beobachtet werden, die in den Mundschleimhäuten, sowie in Darm und Lunge vorkommen. Diese wirken als Schutzbarriere gegen eingedrungene Erreger.

Also, darum ganz viel lachen, wenn du hörst, dass wieder eine Krankheitswelle in deinem Umfeld kursiert.

Was gibt es Schöneres, als das Herz anderer Menschen zum Lachen zu bringen...

Lachen zeigt seine wundervolle Wirkung nicht nur in jenen Momenten, in denen wir selbst Spaß haben. Wem es gelingt, das Herz anderer Menschen zum Lachen zu bringen, weiß, wie sehr dies auch das eigene Herz mit Freude erfüllt.
Ganz besonders dann, wenn wir Menschen fröhlich stimmen, die es im Moment nicht so leicht haben.
Ja, wir von den CliniClowns dürfen täglich die Erfahrung machen, dass es glücklich macht, andere glücklich zu machen.
Wäre es nicht schön, wenn diese Erkenntnis zum Lebensmotto für uns alle hier auf Erden werden würde?

Es sind die kleinen Dinge,
die uns ein Lächeln
auf die Lippen zaubern
und dabei unser Herz erfreuen.

Wer achtsam und mit wertschätzendem Blick durchs Leben geht, wird ganz oft mit einem Lächeln beglückt.
Denn es gibt überall so viel Liebenswertes und Wundervolles zu entdecken, für das wir dankbar sein können.
Du weißt ja: Dankbarkeit bringt die Glücksgefühle in uns zur Entfaltung und lässt unser Herz aufblühen.

Wer viel lacht, ist entspannter und kann besser schlafen.

Vielleicht hast du es ja schon selbst erlebt, dass du nach einem fröhlichen Abend, an dem du viel gelacht hast, entspannter geschlafen hast als sonst.

Wie heißt es doch so schön:
„Wer vor dem Schlafengehen
lachen kann,
der zieht schöne Träume an!"

Ein Lächeln macht vieles im Leben schöner, vor allem aber dich selbst.

Der Blick in den Spiegel liefert den Beweis in Echtzeit :-)
Was immer wir im Leben aussenden, kehrt zu uns zurück.
Der Unterschied liegt nur darin, dass uns der Spiegel umgehend antwortet, während sich das Leben meist etwas länger Zeit lässt, bis es auf unsere „Aussaat" reagiert. Gemeint sind damit unsere Gedanken, unser Handeln sowie unsere Lebenseinstellung.
Wir sollten gut darauf achten, wie wir durchs Leben gehen.
Wer nur mürrisch, ohne Liebe und Dankbarkeit seinen Weg geht, darf nicht erwarten, dass sich ihm das Leben von seiner schönsten Seite zeigen wird. Es ist so, wie beim Spiegel, der uns nur dann ein Lächeln schenken kann, wenn er es auch von uns erhält.

Lachen bringt viele positive Eigenschaften zum Vorschein, die wir in uns tragen.

Lachen erhöht unsere energetische Schwingung und öffnet zugleich den Zugang zu unserer inneren Schatzkammer. Das ermöglicht es, dass die vielen wertvollen Schätze, die jeder von uns in sich trägt, ans Licht gebracht werden können. Mit den Schätzen sind unsere vielen positiven Eigenschaften gemeint, deren wir uns oft selbst gar nicht bewusst sind. Unser Lachen bringt sie an die Oberfläche und verhilft ihnen, sich mehr und mehr zu entfalten.

Zuversicht
Optimismus
Gelassenheit
Liebe
Mut
Vertrauen
Geduld
Harmonie
Dankbarkeit
Herzlichkeit
Freude

Mit jedem liebevollen Lächeln schicken wir ein Zeichen der Liebe und des Friedens in die Welt.

Alles, was im Außen sichtbar ist, entsteht zuerst in unserem Inneren. Deshalb ist es nicht möglich, Frieden zu verbreiten, wenn man mit sich selbst im Unfrieden ist. Gleiches gilt für Fröhlichkeit, Dankbarkeit, Gemütlichkeit und natürlich auch für die Liebe. All diese wundervollen Eigenschaften können wir selbst zum Wachsen bringen und das ist ganz einfach. Es bedarf nur unserer Entscheidung darüber, was wir in uns nähren möchten. Allein durch die bewusste Entscheidung in einem Moment der Stille wird sich ein inneres Lächeln in uns ausbreiten – das noch im gleichen Augenblick im Außen sichtbar und spürbar wird. Ja, so einfach ist das. Du bist der Schöpfer deiner „Innen- und Außenwelt".

Lachen ist wie ein guter Freund, der unseren Lebensweg bereichert.

Gute Freunde und Lachen haben etwas gemeinsam: Beide bereichern unser Leben, weil sie unser Herz fröhlich stimmen, wenn sie bei uns sind. Zusammen mit ihnen können Herausforderungen mit mehr Leichtigkeit bewältigt werden.

Und was ebenfalls das Thema Freundschaft betrifft: Beim Lachen werden Kontaktfreude und gegenseitige Akzeptanz verstärkt. Indem unsere Gefühlsebene aktiviert wird, entsteht ein liebevollerer Umgang mit unseren Mitmenschen und auch mit uns selbst. Das heißt, dass wir durchs Lachen auch neue Freunde gewinnen können.

Komm mach mit,
Lachen hält dich fit!

Hier nochmal, was Lachen bewirkt*

:-) Reduziert die negativen Effekte wie z. B. Stress, die Ursache für viele Krankheiten der heutigen Gesellschaft.

:-) Erhöht die Sauerstoffanreicherung im Blut.

:-) Stärkt das gesamte Immunsystem.

:-) Fördert die Selbstheilungsprozesse bei Krankheiten.

:-) Schmerzen können leichter ertragen werden, oder verschwinden sogar ganz von selbst.

:-) Sorgt unbewusst für richtiges, tiefes Atmen.

:-) Lässt Glückshormone (Endorphine) „ausschütten".

:-) Aktiviert und stärkt das Herz-Kreislauf-System.

:-) Befreit die Atemwege.

:-) Regt den Stoffwechsel an.

:-) Regelt die Produktion von Cholesterin.

:-) "Massiert" das Zwerchfell und dadurch auch alle umliegenden Organe, wobei der Darm profitiert ... u.v.m.

* Bitte beachte die Warnhinweise über mögliche Nebenwirkungen auf der nächsten Seite!

Wichtiger Warnhinweis:

Vor erwünschten Nebenwirkungen beim Lachen warnen weder Arzt noch Apotheker.

Es handelt sich dabei um
unterschiedlichste körperliche
und seelische Symptome,
wie Lachfalten,
Freudentränen,
Bauchmuskelkater,
Vergnügtheit,
Lebenslust,
Ausgelassenheit,
Glückseligkeit,
Wohlbehagen u.v.m.

In manchen Fällen
kann Lachen
sogar süchtig machen :-)

Lachen ist zudem äußerst ansteckend ...

... und kann deshalb selbst härteste „Miesmuffel" fröhlich stimmen. Es gibt derzeit leider noch keinen sicheren Schutz gegen ein ansteckendes Lachen ;-)

Humor ist, wenn man trotzdem lacht, weil es das Leben schöner macht!

In diesem Sinne bedanken wir uns bei allen,
die es ermöglicht haben, dass diese CliniClown-Buchreihe entstehen konnte,
insbesondere bei Autor Kurt Hörtenhuber
und Illustrator Johannes Böttinger,
sowie bei allen, die den Verein CliniClowns durch
den Erwerb dieser liebenswerten Lektüren unterstützen –
und bei allen, die dieses Buch verschenken, um jemanden
ein Lächeln ins Herz zu zaubern.

CliniClowns

Lachen ist die beste Medizin.

DANKE

an alle, die mit uns ein Lachen verschenken!

Humorvolle Grüße

eure CliniClowns

Wir freuen uns über jede weitere Unterstützung

Die Visiten der CliniClowns Austria sind ein Geschenk an die Spitäler und PatientInnen. Unser Verein ist gemeinnützig und auf Spenden angewiesen. Der verantwortungsbewusste Umgang mit Spendengeldern ist uns eine Selbstverständlichkeit. Unser Vorstand und medizinischer Beirat arbeitet ehrenamtlich.

Spendenmöglichkeit

Spendenkonto UniCredit Bank Austria
IBAN: AT32 1200 0006 5624 3300, BIC: BKAUATWW
oder online unter www.cliniclowns.at/spenden

Weitere Spendenmöglichkeiten und Infos:

www.cliniclowns.at

Dieses Buch wurde mit freundlicher Unterstützung von Press&Books Valoraretail Austria GmbH & Co KG hergestellt.

www.pressbooks.at

Erschienen im werteART Verlag, 4971 Aurolzmünster, Austria – www.werteArt.com

Eine Übersicht des Verlagssortimentes mit weiteren zauberhaften Büchern und anderen liebenswerten Dingen findest du unter:

www.oups.com